글 김성화·권수진

부산대학교에서 생물학, 분자생물학을 공부했습니다. 《과학자와 놀자》로 창비 좋은어린이책 상을 받았습니다. 첨단 과학은 신기한 뉴스거리가 아니라 물리 법칙으로 가능한 과학 세계의 이야기라는 것을 들려주려고 '미래가 온다' 시리즈를 쓰기 시작했고, 《미래가 온다, 로봇》, 《미래가 온다, 나노봇》, 《미래가 온다, 뇌 과학》 등 20권을 완간했습니다.

지금은 수학적으로 사고하는 방법과 그런 사고가 미래를 어떻게 바꿔 놓을지까지, 과정에 충실한 수학 정보서, '미래가 온다' 수학 시리즈를 진행하고 있습니다.

《고래는 왜 바다로 갔을까?》, 《과학은 공식이 아니라 이야기란다》, 《파인만, 과학을 웃겨 주세요》, 《우주: 우리우주에 무슨 일이 있었던 거야?》, 《만만한 수학: 점이 뭐야?》 등을 썼습니다.

그림 이고은

초등학교 땐 교과서 여백과 연습장에 그림을 그려 친구들에게 보여 주곤 했습니다.
어른이 된 지금, 그림으로 이야기하는 일을 하고 있습니다.
쓰고 그린 책으로 《나의 엉뚱한 머리카락 연구》, 《책상, 잘 쓰는 법》, 《K-요괴 도감》이 있으며, 《지렁이 일기 예보》, 《열세 번째 아이》, 《엄마와 복숭아》, 《너의 특별한 점》 등 여러 책에 그림을 그렸습니다.

미래가 온다
컴퓨터에게 패턴을 가르쳐!

규칙 찾기

와이즈만 BOOKs

미래가 온다 수학

07 규칙 찾기 컴퓨터에게 패턴을 가르쳐!

1판 1쇄 인쇄 2024년 7월 26일 | 1판 1쇄 발행 2024년 8월 19일

글 김성화 권수진 | 그림 이고은 | 발행처 와이즈만 BOOKs | 발행인 염만숙

출판사업본부장 김현정 | 편집 원선희 양다운 이지웅
기획·책임편집 임형진 | 디자인 권석연 | 마케팅 강윤현 백미영 장하라

출판등록 1998년 7월 23일 제1998-000170 | 제조국 대한민국
주소 서울특별시 서초구 남부순환로 2219 나노빌딩 5층
전화 마케팅 02-2033-8987 편집 02-2033-8983 | 팩스 02-3474-1411
전자우편 books@askwhy.co.kr | 홈페이지 mindalive.co.kr | 사용연령 8세 이상
ISBN 979-11-92936-45-1 74410   979-11-92936-02-4(세트)

ⓒ 2024, 김성화 권수진 이고은 임형진
이 책의 저작권은 김성화, 권수진, 이고은, 임형진에게 있습니다.
저자와 출판사의 허락 없이 내용의 일부를 인용하거나 발췌하는 것을 금합니다.

잘못된 책은 구입처에서 바꿔 드립니다.

와이즈만 BOOKs는 (주)창의와탐구의 출판 브랜드입니다.
KC마크는 이 제품이 공통안전기준에 적합하였음을 의미합니다.

미래가 온다 컴퓨터에게 패턴을 가르쳐!

규칙 찾기

김성화·권수진 글 | 이고은 그림

차례

0 알람브라 궁전의 비밀 7

1 타일 무늬 속에 수학이 있다고? 13

2 어디에나 그게 있다! 21

3 수학을 잘하는 방법 31

4 대칭이 보여? 43

5 무슨 일이 일어났을까? 63

6 대칭 놀이 73

7 화장실 도둑의 패턴을 찾아라 81

8 컴퓨터에게 패턴을 가르쳐! 89

9 달팽이 껍데기에 무슨 비밀이…… 99

10 "수학은 패턴을 연구하는
　　학문입니다!" 111

0

알람브라 궁전의 비밀

수학자들이 좋아하는 궁전이 있어!
궁전이 어마어마하게 아름답고 어마어마하게 신비로워.
하지만 그게 다가 아니야.

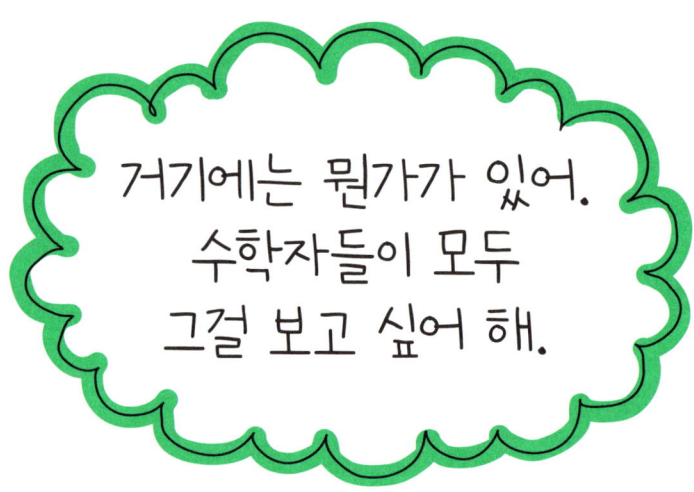

거기에는 뭔가가 있어.
수학자들이 모두
그걸 보고 싶어 해.

"뭐가 있는데?"
궁금해?
비행기를 타고 서쪽으로 서쪽으로, 고원을 지나 사막을 지나
바다를 지나 스페인으로 갈 거야.
슈————————웅!
두두두둥!

여기는 알람브라 궁전이야. 1238년에 술탄 무함마드 1세가 짓기 시작해서 120년 뒤에야 간신히 완성되었어. 견고하게 쌓은 성벽 안에 7개의 궁과 수많은 방들, 왕의 목욕탕, 높고 낮은 탑, 연못과 광장, 지하 감옥이 있어.

알람브라 궁전은 밖에서 보면 수수해 보이지만 안으로 들어서면 놀라지 않는 사람이 없어. 눈길이 닿는 곳, 눈길이 닿지 않는 곳, 모든 곳이 너무나 섬세하고 화려하고 우아하게 치장되어 있다니까. 훗날 무함마드 12세가 유럽 사람들에게 궁궐을 빼앗길 때 눈물을 흘리며 이렇게 말했다는 이야기가 전해져 와.

'영토를 빼앗기는 것보다 궁전을 떠나는 게 더 슬프도다.'
이곳에 살았던 왕들은 몰랐을 거야. 훗날 전 세계 수학자들이 일생에 꼭 한 번 와 보고 싶어 하는 궁전이 될 줄.
수학자들은 알람브라 궁전에 와서 궁전의 벽과 바닥, 천장을 샅샅이 조사해.

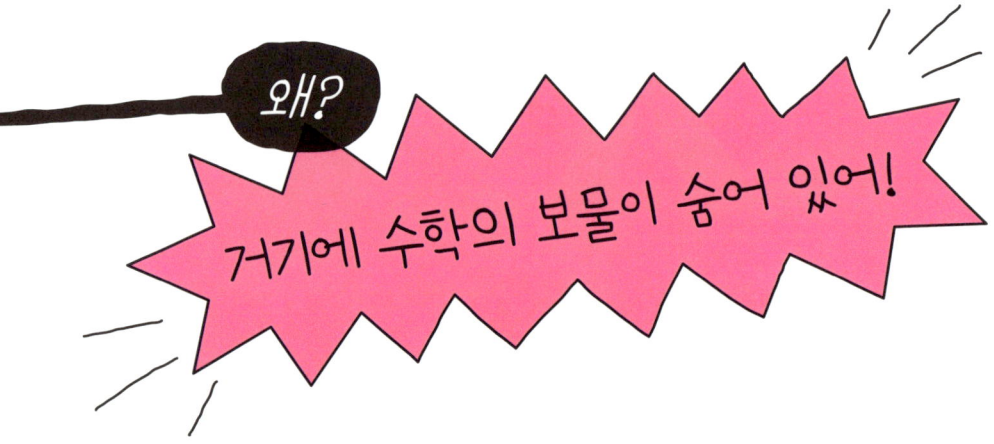

왜? 거기에 수학의 보물이 숨어 있어!

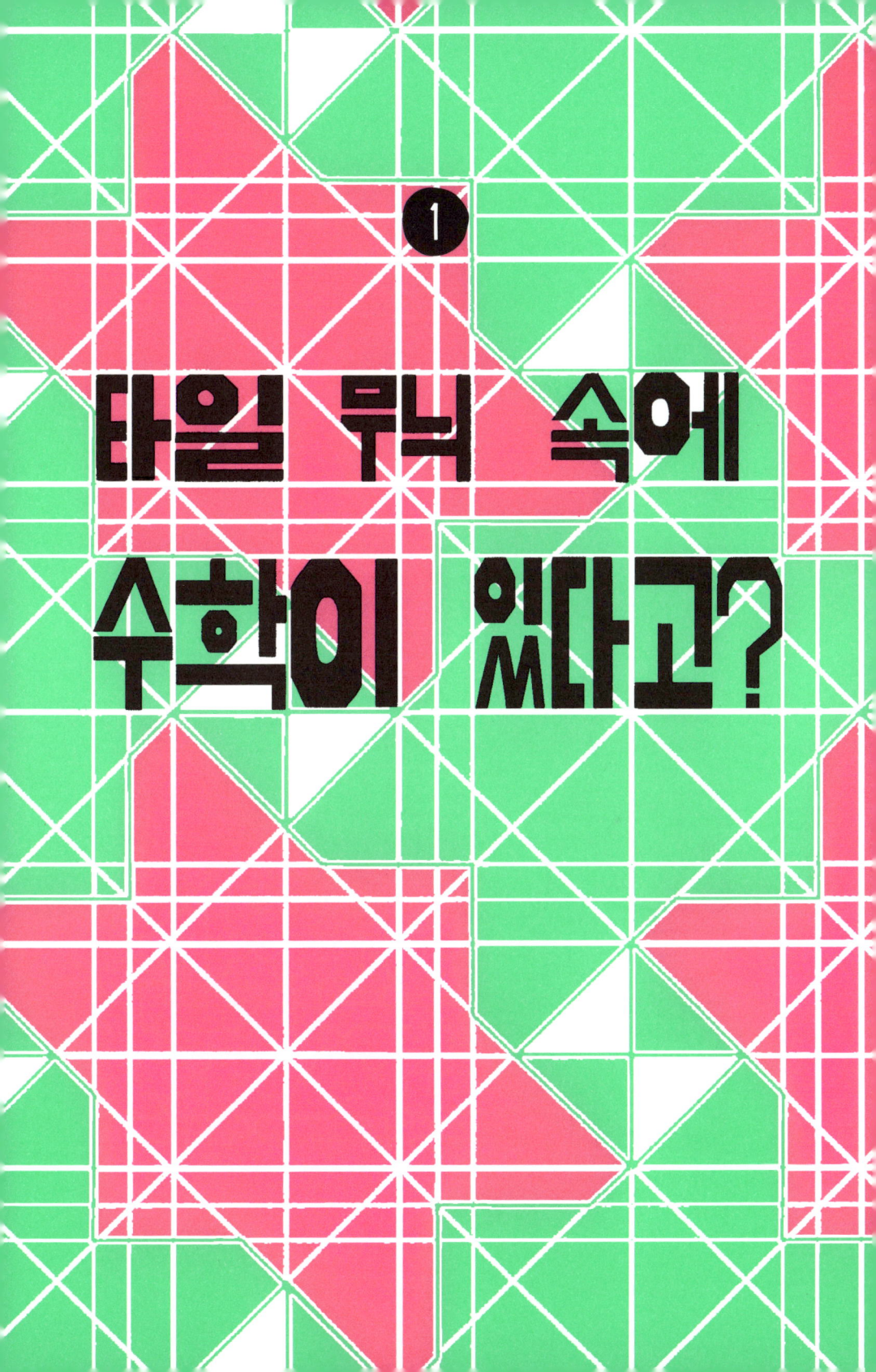

"이게?"
"무늬밖에 안 보이는데?"
이게 바로 보물이라고!
알람브라 궁전의 벽과 바닥, 천장에 온통 무늬가 새겨져 있어. 복잡하고 아름다운 무늬가 규칙적으로 계속 계속 반복돼.
희한하고 아름다운 무늬를 고안하느라 궁전을 장식하는 이슬람 장인들은 정말 골치가 아팠어. 이슬람 법에는 사람이나 식물, 동물은 절대 그릴 수 없고 기하학적인 무늬만 그려야 한다고 되어 있었거든. 생명이 있는 걸 그리는 건 신성 모독이라는 거야. 우상을 숭배하는 죄를 짓게 될지도 모른다고 말이야.
기하학 무늬로 가득 찬 궁전을 보면 눈이 휘둥그레져. 장인들이 복잡하고 아름답고 새로운 무늬를 생각해 내느라 얼마나 머리를 썼을까. 술탄이 가장 독창적인 무늬를 만드는 장인에게 후한 상을 내렸다니까.
"그런데 그게 왜 보물이야? 수학과 무슨 상관이야?"

그러게 말이야.
하지만 상관이 있어. 수백 년 뒤에 수학자들이 알람브라
궁전의 무늬를 모두 조사했는데, 무늬를 회전하고 뒤집고,
비스듬히 이동하고, 또다시 회전하고 뒤집고, 이리저리
이동하고…… 그러다가 알게 되었어.
규칙적인 무늬로 2차원 평면을 뒤덮는 방법은 딱
17가지뿐이야!

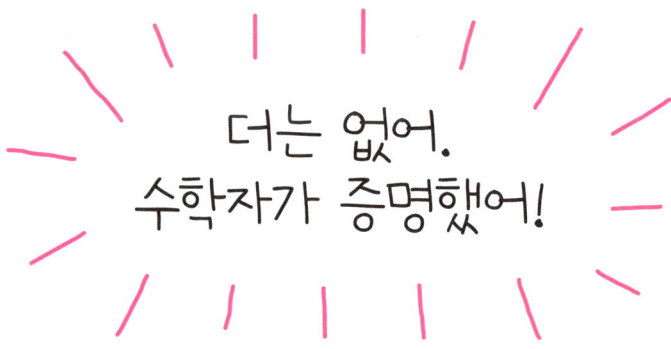

수학자들은 지금도 알람브라 궁전을 순례하며 숨은그림찾기
놀이를 해. 타일 무늬에 숨어 있는 17가지 방법을 다
찾아내기 전에는 집으로 절대 돌아가지 않는다니까.

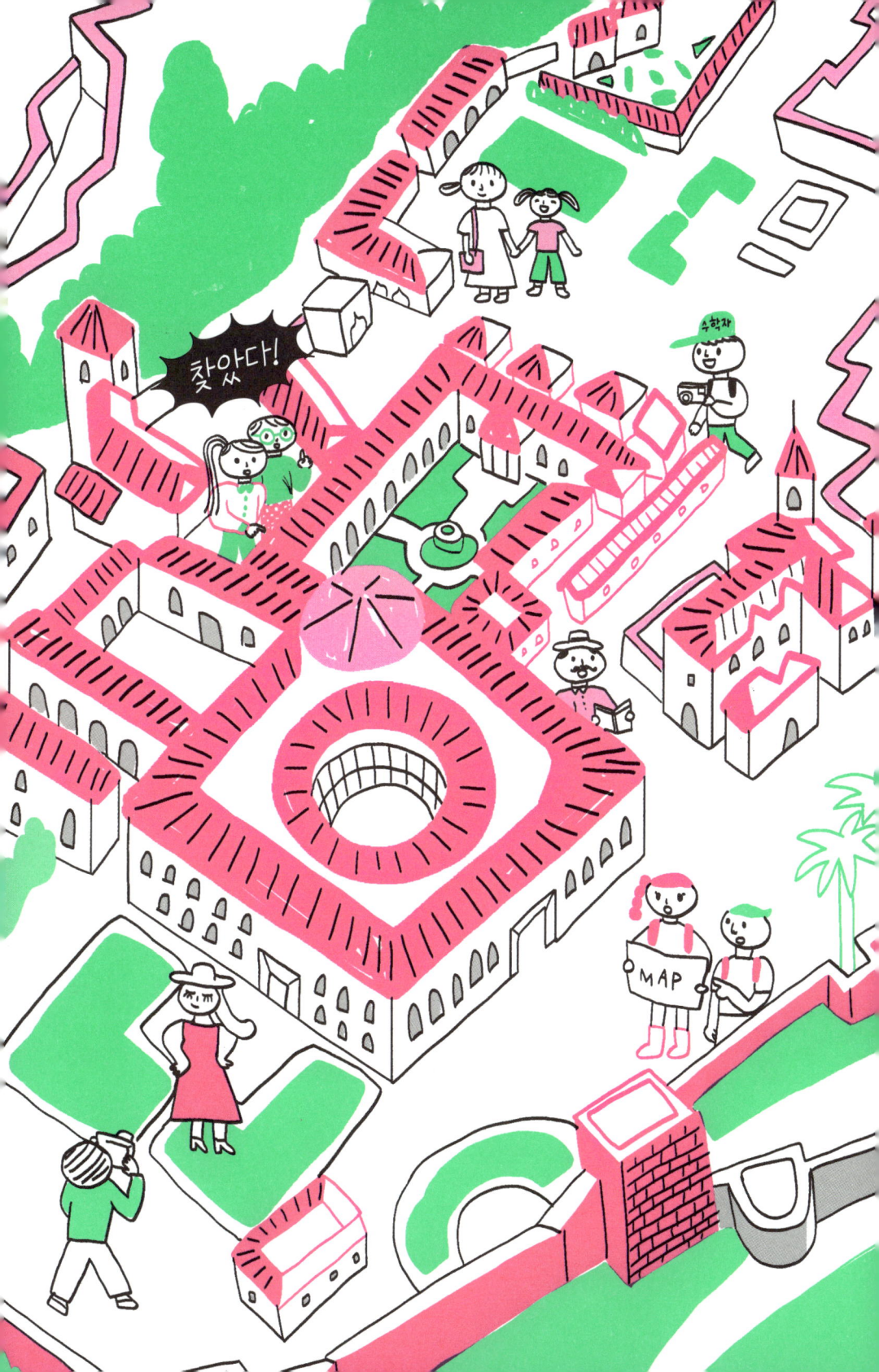

수학자들도 몰랐어.
타일 무늬 속에 대단한 수학이 숨어 있을 줄.
수학자들도 놀랐어.
수학을 모르는 채로도 이슬람의 예술가들이 규칙적인 무늬로 2차원 평면을 뒤덮는 방법을 모두 발견했다니 말이야.

어디에나 그게 있다!

"도대체 뭐가 있다는 거야?"
어디에나 패턴이 있어!
"패턴? 그게 뭐야?"
알람브라 궁전에 있는 타일 무늬 같은 거 말이야. 너희 집 욕실과 벽지에도 있을걸. 엄마 옷에도 있을지 몰라.

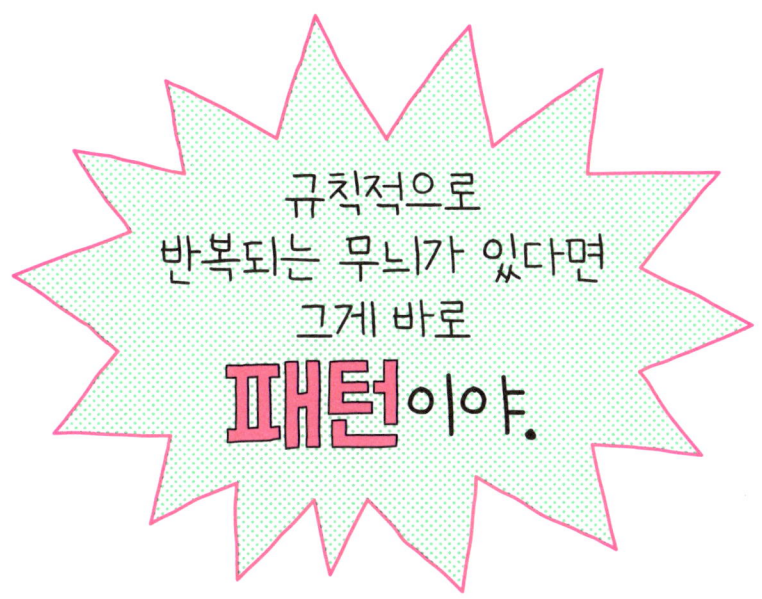

규칙적으로 반복되는 무늬가 있다면 그게 바로 **패턴**이야.

사람들은 패턴을 좋아해.
잠옷, 머플러, 지갑, 가방, 목걸이, 이불을 패턴으로 장식해.
벽에도, 바닥에도 패턴을 깔아.
패턴을 입고, 패턴을 두르고, 패턴을 덮고, 패턴 위로 걸어 다녀!

보여?

하하, 패턴이 어디서 나타날지 몰라.
그거 알아? 자연에도 패턴이 있어.
호랑이와 얼룩말은 줄무늬가 있고, 표범과 하이에나는 점박이 무늬가 있어. 꿀벌은 똑같이 생긴 육각형 방으로 벌집을 만들어. 해변에는 연달아 파도가 밀려오고, 잔잔한 호수에 돌을 던지면 동그라미가 계속 퍼져 나가. 태풍은 언제나 거대한 나선 모양으로 회전해.

눈에 안 보이는 패턴도 있어.
매일매일 규칙적으로 태양이 뜨고 지고, 한 달 동안 달의 모양이 규칙적으로 변해. 봄, 여름, 가을, 겨울이 차례차례 지나면 또다시 봄, 여름, 가을, 겨울이 차례차례 와. 규칙적으로 반복돼. 패턴이야!

네가 걸을 때도 패턴이 있어.

움직임에도 패턴이 있다는 말씀!

오른발, 왼발, 오른발, 왼발, 오른발, 왼발…… 언제나 한 발씩 번갈아 내밀며 걸어.

오른발, 오른발, 오른발, 왼발, 오른발, 왼발, 왼발, 오른발, 오른발…… 제멋대로 걷는다고 해 봐. 제대로 걸을 수 있겠어?

네발 동물은 훨씬 더 복잡한 패턴으로 걷고 달려. 말이 전속력으로 달릴 때 네 발을 어떤 순서로 디디며 달리는지 아무리 봐도 헷갈렸는데 초고속 카메라가 발명된 뒤에야 말이 달리는 비밀을 알게 되었지 뭐야.

발이 여러 개인 동물의 발걸음 패턴을 수학자들이 연구하고 있어.

"왜?"

로봇 공학에 필요해!

거미 로봇, 강아지 로봇, 사마귀 로봇을 만든다고 해 봐. 발걸음 패턴을 알아야 해.

나의 하루

"패턴을 바꿀래. 나는 게임하고, 게임하고, 게임하고, 게임하는 패턴이 훨씬 좋아!"
헐! 놀라운 패턴인데?
이제 너는 패턴 좀 아는 아이가 된 것 같아. 그렇다면 이게 뭔지 알겠어? 뭐 같아?

"북극곰이잖아!"
동그라미 세 개뿐인데도 북극곰이 보인다고?
어떻게 알았어?

"그냥!"
아니, 그냥이 아니야.
너에게 패턴을 찾아내는 능력이 있기 때문이야!
이건 뭐 같아?

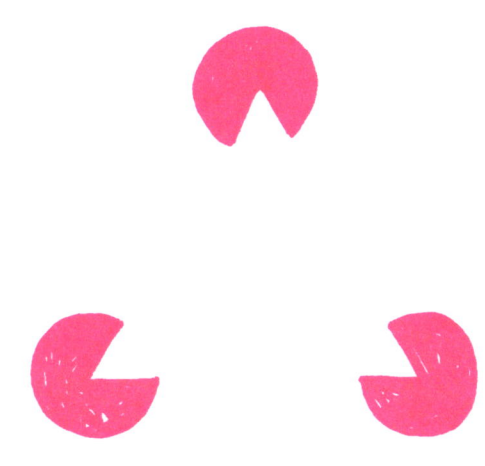

"삼각형이잖아!"
이 빠진 동그라미가 3개뿐인데, 삼각형이 보여?
"보여!"
대단한데?

사람은 패턴을 알아보는 능력이 대단해. 뒤죽박죽 세상에 숨어 있는 질서와 규칙을 찾아내. 패턴을 찾아내.
그걸 우리는 '수학'이라고 불러.
"수학이 그런 거라고?"
"그런 게 수학이라고?"

3
수학을 잘하는 방법

수학은 패턴 찾기야! 규칙 찾기야!
수학자도 수학이 그런 거라고는 생각도 하지 못했어. 겨우 몇십 년 전에야 수학자들에게 아하, 깨달음이 왔다니까.
수학이 발전하고 발전해서 높은 곳에서 내려다보니, 수학은 계산만 하는 학문이 아니라 패턴을 찾아내는 학문이라는 거야.

1, 2, 3, 4, 5, 6, 7, 8, 9, 10……

수를 들여다봐.

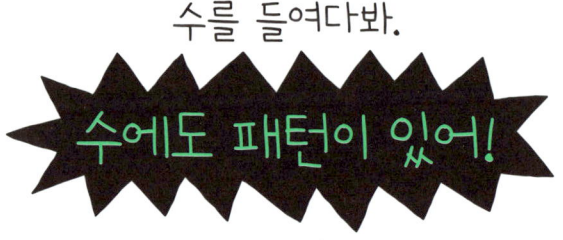

수에도 패턴이 있어!

무슨 패턴일까?
1씩 커지는 패턴이야. 그렇게 무한히 커져.
"당연한 거 아니야?"
아니, 아주 아주 중요한 패턴이야. 패턴이 없다면 수가 아니야!
덧셈을 할 때도 곱셈을 할 때도 패턴이 있어. 구구단도 패턴이라는 말씀. 2단은 계속 계속 2만큼 커지고, 3단은 계속 계속 3만큼 커져. 규칙이 있어.

기하학은 모양의 패턴을 연구하는 수학이야.

납작한 삼각형, 정삼각형, 직각삼각형, 이등변삼각형……
모양이 달라도, 크기가 달라도 뭔가가 같아. 각이 3개, 변이
3개, 모두 같아. 삼각형의 패턴이야!
그거 알아? 우연히 일어나는 일에도 패턴이 있어.
동전을 던진다고 해 봐. 앞면이 많이 나올까? 뒷면이 많이
나올까? 동전을 10번, 20번 던져서는 정확히 알 수 없어.
하지만 동전을 100만 번, 1,000만 번 던진다면 확실하게 말할
수 있어. 동전은 '앞면과 뒷면이 반반씩 나온다.'고 말이야.
100만 번, 1,000만 번 던지면 규칙이 보여. 패턴이 보여!
수학자들이 수많은 우연의 패턴을 연구하는데, 그걸
통계학이라 불러.
수학은 패턴 찾기야!
수의 패턴을 찾는 수론, 모양의 패턴을 찾는 기하학, 움직임의
패턴을 연구하는 미적분학, 추론의 패턴을 찾는 논리학,
위치의 패턴을 찾는 위상수학, 우연의 패턴을 찾는
통계학…… 모두 모두 패턴 찾기야.

수학을
잘하고 싶어?

눈을 크게 뜨고
패턴을 찾아.

수학은
규칙 찾기야!

찾았어?

"쉬워! 첫 번째 그림과 두 번째 그림을 더하면 세 번째 그림이 돼."

그렇다면 이건 어때?

모양이 다섯 개 있는데, 규칙이 있을까?

"뭐야? 이게?"

"모자야?"

"쿠키야?"

"왕관이야?"

글쎄……

이다음 그림에 올 모양을 그릴 수 있겠어?

모양을 뚫어지게 봐!
1학년도 아는 모양일걸?
찾았어?
"찾았어! 푸하하, 너무 쉽잖아."
너희도 해 봐!
모르겠다고?
책을 계속해서 읽어.
뒤에 뒤에 뒤에 답이 나와.

4
대칭이 보여?

1880년, 미국의 사진작가 윌슨 벤틀리는 15세 생일에 현미경을 선물로 받았어. 그걸로 벤틀리는 마당에서 눈을 가져와 들여다보았어.

'우아! 이게 뭐야.'

너무 아름다웠어. 천국에서 떨어진 보석 같았어! 모양이 똑같은 게 하나도 없어.

눈 알갱이가 결정이라는 거 알아? 눈이 올 때 물 분자들이 규칙적인 모양을 이루며 얼어붙어.

벤틀리는 눈 결정 모양에 푹 빠져 버렸어. 현미경으로 들여다보며 눈 결정을 하나하나 공책에 그려. 그런데 눈이 너무 금방 녹아 그림을 그릴 수 없었지. 벤틀리는 어머니에게 졸라 엄청나게 비싼 카메라를 샀어. 현미경에 카메라를 달고 매일매일 눈 결정을 촬영해.

벤틀리는 최초로 눈 결정의 모양을 세상에 알린 사람이 돼. 죽을 때까지 5,000장이 넘는 사진을 남겼어.

볼래?

우아, 보석 같아!

889　890　891
892　893　894
895　896　897
898　899　900

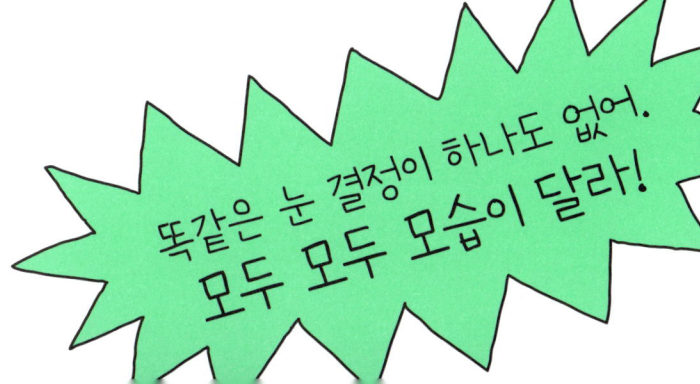
똑같은 눈 결정이 하나도 없어.
모두 모두 모습이 달라!

"똑같은 게 하나도 없다고?"

"5,000개라며?"

그렇다니까. 5,000개의 눈 결정이 모두 모두 달라.

하지만 같은 게 있어.

패턴이 있어!

찾아봐.

"모두 꽃 모양 같아."

"보석 같아."

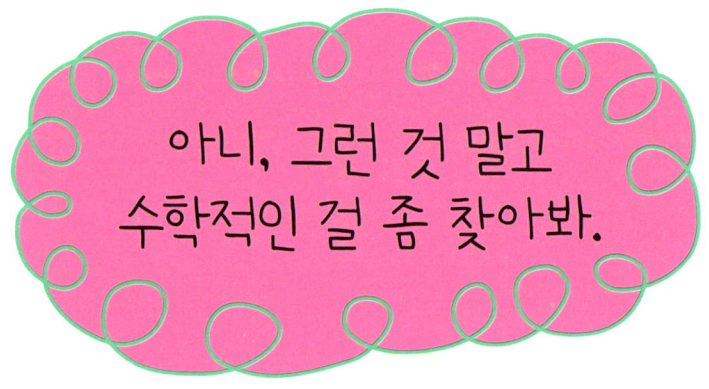

아니, 그런 것 말고 수학적인 걸 좀 찾아봐.

어떤 도형을 닮지 않았어?

"도형?"

눈 결정은 육각형이라서 잘 포개져.

눈 결정이 포개지는 방법을 모두 찾아봐.

수학자들은 대칭을 아주 좋아해.

과학자들도 좋아해. 아이들도 좋아해!

"아이들도?"

너도 좋아할걸.

종이접기를 해 봤어?

"당연하지."

종이접기 속에 대칭이 숨어 있어.

대칭이 없으면 종이접기를 하지 못해.

하지만 대칭이 뭔지 모르는 채로도 아이들은 종이접기를 잘해.

종이접기를 잘하려면 색종이를 꼭 맞추어 접어야 해.
종이비행기를 접을 때 똑같이 반으로 접고, 왼쪽과 오른쪽 모서리를 똑같이 들어 올려 정확하게 마주 보고 접어.
조금이라도 비뚤비뚤하면 안 돼.

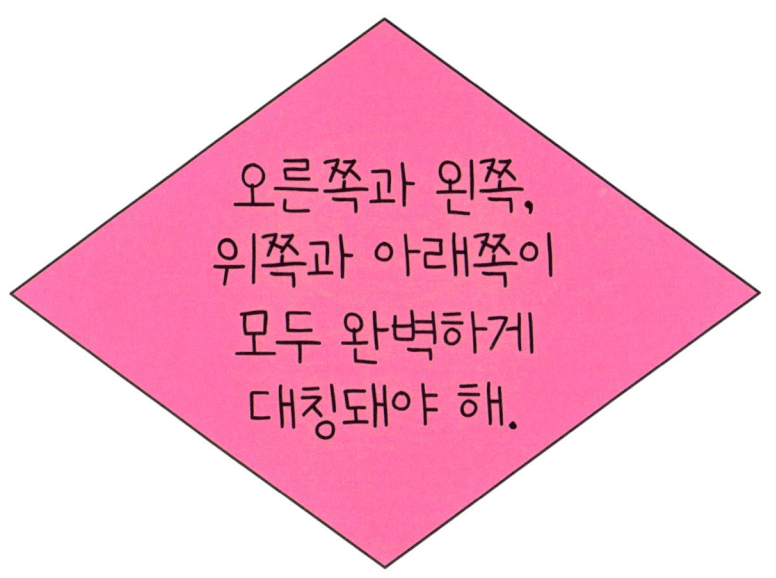

그거 알아?
너의 몸도 대칭이야.
우리 몸은 좌우 대칭이라는 말씀!
볼래?

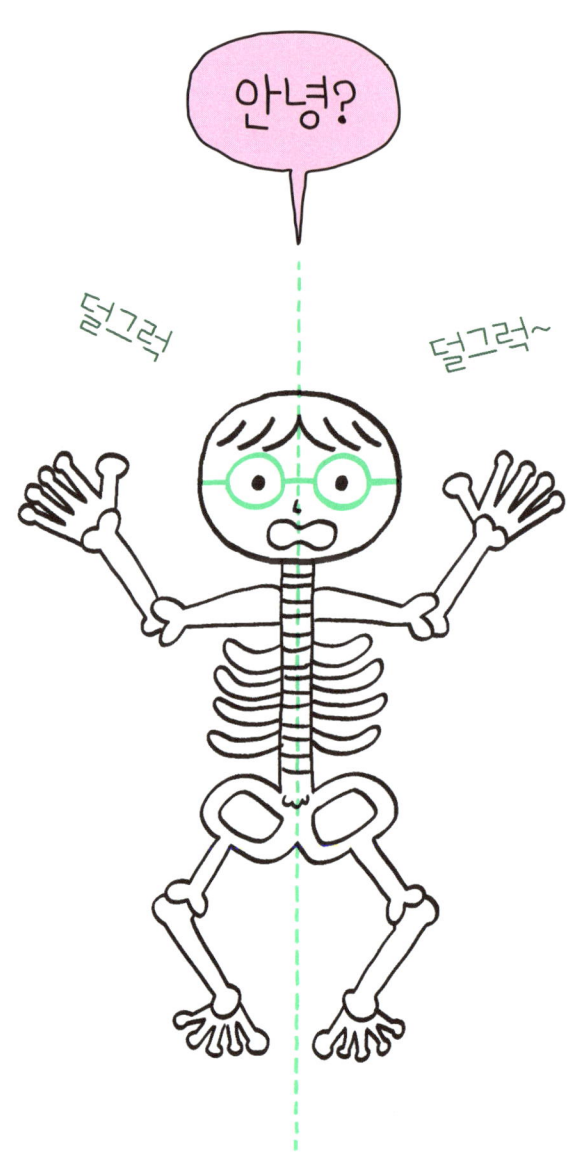

너의 몸을 반으로 접을 수 있다면 오른쪽 반쪽, 왼쪽 반쪽이 꼭 맞게 포개질걸. 정말 다행이야. 너의 몸이 대칭이 아니라고 생각해 봐. 오른쪽 콧구멍은 콩알만 한데 왼쪽 콧구멍이 대포알만 하다면 어떻겠어? 오른쪽 엉덩이는 동그란데 왼쪽 엉덩이는 삼각형이라면?
"푸하하."
대칭이라서 생명이 아름다워. 나비, 개구리, 개미, 기린, 강아지, 악어, 거북, 전갈, 사슴벌레, 상어, 독수리…… 동물의 몸은 대부분 대칭이야.
꽃과 나뭇잎, 식물의 모양도 대부분 대칭이야.

무언가가 무언가를 한 거야! 누군가 에너지를 들여 질서 있게, 균형 있게, 조화롭게 대칭을 만들어! 네가 에너지를 쓰며 색종이를 꼭꼭 눌러 대칭을 만드는 것처럼 원자와 유전자와 세포들이 에너지를 들여 대칭을 만들어.

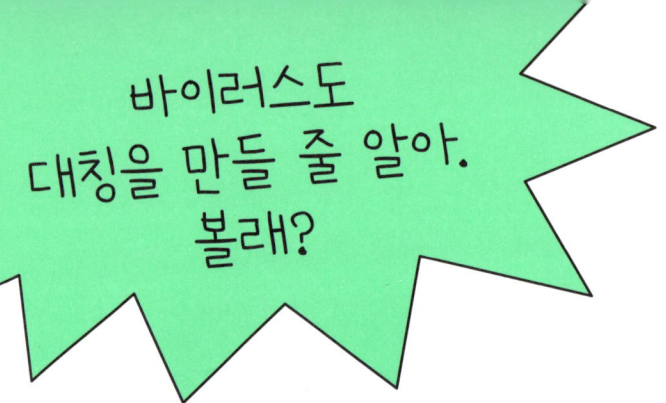

바이러스도
대칭을 만들 줄 알아.
볼래?

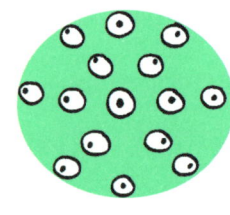

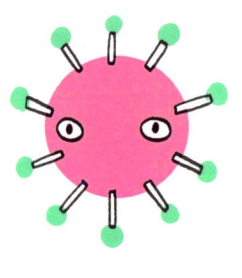

대칭이야!

마당에서 마음껏 뛰놀며 건강하게 자란 암탉이 낳은 알은 대부분 대칭이야. 노른자가 한가운데 있어.
비좁은 양계장에서 사는 암탉이 낳은 알은 대부분 대칭이 아니야. 노른자가 한쪽으로 치우쳐 있어. 암탉이 심하게 스트레스를 받아서 그래.

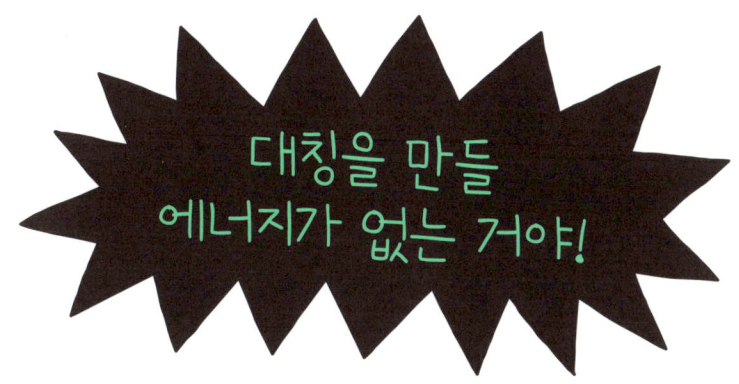

대칭을 만들 에너지가 없는 거야!

"정말?"
달걀프라이를 먹을 때 대칭을 찾아봐.
있어?
없어?

벌들도 대칭을 좋아해. 벌집의 육각형 방들이 바로 바로 대칭이야. 육각형 대칭은 작은 공간에 빈틈없이 방을 넣는 똑똑한 방법이야.

벌들은 대칭을 아주 잘 알아봐. 눈이 나쁜데도 말이야.

벌은 빨간색을 구분하지 못하는 색맹이고, 두꺼운 유리를 통해 보는 것같이 세상이 희미하게 보여. 그 대신 벌들은 대칭을 볼 수 있게 눈이 진화했어.

벌은 완벽하게 대칭을 이룬 꽃을 찾아 꽃가루를 퍼뜨려 줘. 꽃들도 벌을 유인하기 위해 더 대칭을 이루게 진화했어.

대칭은 자연의 언어야.

'나를 찾아 주세요!'

'앗, 저기 음식이 있다!'

꽃과 벌들이 대칭으로 이야기를 나눠.

우리의 뇌도 대칭을 좋아해. 대칭을 잘 찾고 대칭에 끌려. 뒤죽박죽 모양, 뒤죽박죽 소리보다 대칭이 있으면 훨씬 더 잘 기억해.

언어에도 대칭이 있어. 소리에도 대칭이 있어.

들어 봐.

콩짜뿔네또닌캉쏙쿨캘퍽타쿠찌요즐코팽놀추햐케쪼예롱.

이건 대칭이 없는 뒤죽박죽 소리야. 기억할 수 있겠어?

그렇다면 이건 어때?

땡땡요요콩콩땡땡요요콩콩땡땡요요콩콩땡땡요요콩콩.

기억할 수 있겠어?

"너무 쉬워!"

"땡땡요요콩콩땡땡요요콩콩땡땡요요콩콩땡땡요요콩콩!"

대칭이 있어서 그래!

거 봐.

**대칭은 쉬워.
대칭은 재밌어.

대칭은
아름다워!**

완벽하게 대칭을 이룬 동물이 더 빨리 달리고, 더 잘 날고, 완벽하게 대칭을 이룬 꽃이 곤충을 더 많이 끌어들여.

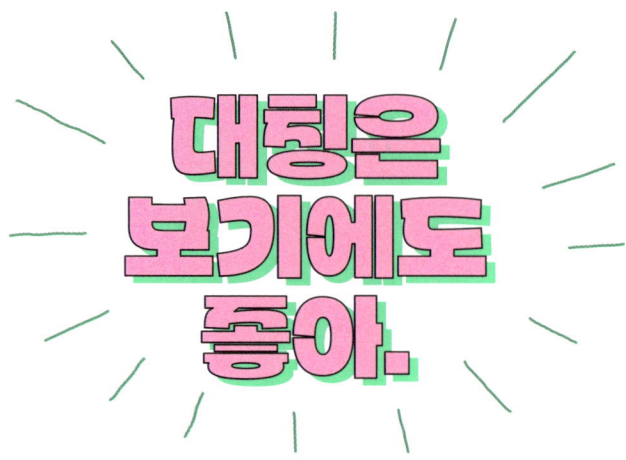

대칭이 있으면 질서가 있고, 균형이 있고, 조화로운 느낌을 줘. 우리는 대칭이 아닌 것보다 대칭을 더 아름답다고 느껴. 우리의 뇌가 그렇게 진화했어. 원시인들이 돌도끼를 만들고, 토기를 만들 때도 대칭을 이용했다니까. 집을 짓고, 탑을 쌓고, 다리를 놓을 때도 대칭이 필요해.
대칭이 없다면, 집이 무너져. 다리가 무너져!
예술가들도 대칭을 사랑해. 대칭을 이용해 디자인을 하고 아름다운 건축물을 짓고 작곡가는 노래를 만들어. 음악 속에도 대칭이 숨어 있어. 멜로디와 리듬이 되풀이되어 나와. 대칭이야!

⑤ 무슨 일이 일어났을까?

어느 조그만 방에 납작하고 커다란 사각형 하나가 조용히
누워 있어. 마법사가 사각형에게 주문을 걸기를, 깜깜한
밤에만 움직일 수 있다는 거야.
단, 모두 다른 방법으로 8번!
그리고 아침에는 반드시 똑같은 모습으로 그대로 누워
있어야 해.
불이 꺼지고……
깜깜한 방에서……
소리가 나.

정확하게 8번 사각형이 자세를 바꾸는 소리가 났어.
다음날 아침 문을 열어 봤더니, 사각형이 어제와 똑같이 누워
있잖아?

사각형이 무얼 한 걸까?
분명히 움직이는 소리가 8번 났는데, 모양이 그대로야.
어떻게 된 걸까?

> 아하, 돌았잖아!
> 돌고, 돌고, 돌고, 돌고!
> 한 바퀴 돌았어.

빙고! 90도만큼씩 4번 돌았어. 돌아도 모양이 그대로야.
"당연하지. 사각형이잖아."
8번 중에 4가지는 찾았어. 나머지 4가지는 뭘까?
"반대 방향으로도 돌아!"
그건 똑같은 거야. 오른쪽으로 90도만큼 1번 돈 건 왼쪽으로 90도만큼 3번 돈 것과 같아.

"그럼 나머지 4가지는 뭐야?"
"이제 없는 것 같은데."
있어.
딱지치기를 생각해 봐.
"딱지치기?"
"아하, 폴딱 뒤집어!"
빙고!

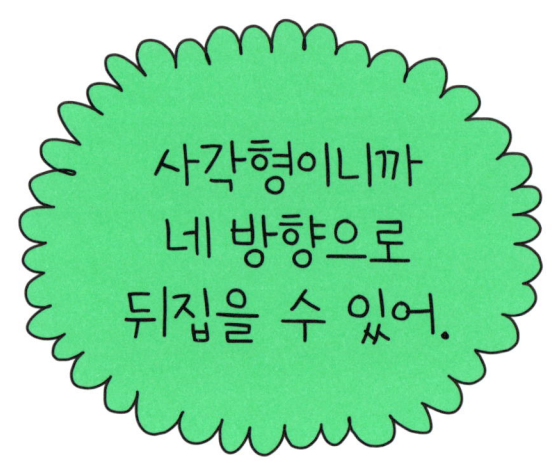

사각형이니까 네 방향으로 뒤집을 수 있어.

폴딱! 폴딱! 폴딱! 폴딱!
이렇게 말이야.

뒤집어도

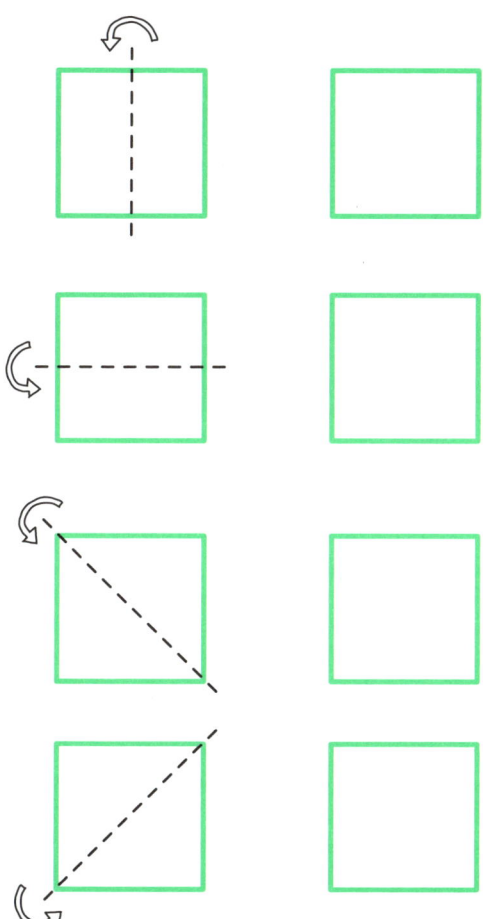

모양이 그대로야!

이제 마법사의 주문을 모두 완성했어.

돌기 4번, 뒤집기 4번!

"수학이야?"

수학이야!

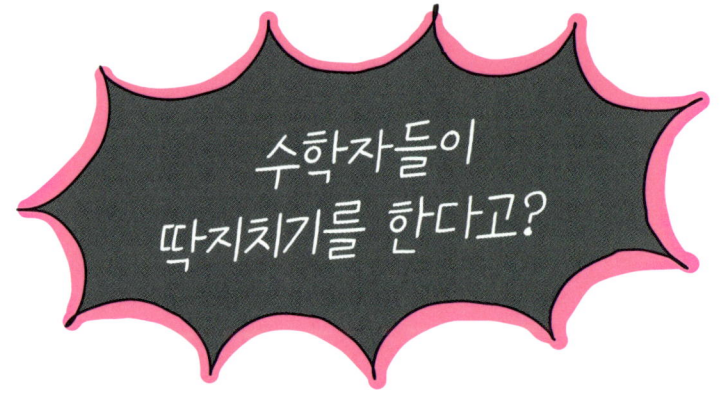

그렇다니까. 하지만 수학자들은 딱지치기라고 부르지 않아.

고상하게 대칭 찾기라고 불러.

도형을 움직였는데 모양이 그대로라면?

대칭이야!

정사각형은 대칭이 8가지야.

정삼각형은 대칭이 몇 개일까?

정육각형은 대칭이 몇 개일까?

원은 대칭이 몇 개일까?

찾아봐!
대칭이
몇 개일까?

할 수 있겠어?

도화지에 도형을 그리고 오려서 움직여 봐. 돌리고 돌리고 돌리고, 뒤집고 뒤집고 뒤집고! 움직여도 모양이 똑같은 경우를 모두 찾아. 대칭을 찾아봐.

정삼각형은 대칭이 6가지야.

돌리기 3번, 뒤집기 3번!

정육각형은 대칭이 12가지야.

돌리기 6번, 뒤집기 6번!

원은 대칭이 몇 개일까?

돌리기 무한 번, 뒤집기 무한 번, 무한개야!

"무한개?"

원은 완벽하게 동그란 도형이야. 아주아주 아주아주 아주아주 조금씩 돌려도 모양이 그대로야. 1도, 0.1도, 0.01도, 0.001도, 0.0001도, 0.00001도, 0.0000000000······000000000001도, 계속 계속 조금씩 돌릴 수 있다니까!

그래서 무한개야!

이제, 대칭 놀이를 해 볼까?

따라와.

버스를 타고 바다로 가야 해. 고운 모래가 있는 해변으로!

바로 여기야.

파도가 밀려갈 때 모래 위에 발자국을 찍어.

폴딱폴딱 우리는 캥거루야.

두 발을 함께 모아 폴짝폴짝 계속 계속 뛰어.

뒤를 돌아봐.

보여?

똑같은 발자국 무늬가 연달아 있어.

첫 번째 발자국과 두 번째 발자국이 대칭이야. 두 번째 발자국과 세 번째 발자국이 대칭이야. 움직여도 모양이 같아. 계속 계속 대칭이야.

대칭이
반복되면
패턴이 돼.
대칭으로
패턴을
만들어!

발자국 대칭으로 재밌고 아름다운 패턴을 만들 수 있어. 만들어 볼까?

한 번은 똑바로 뛰고, 한 번은 공중에서 한 바퀴 돌아 뒤로 착지해. 다시 앞으로 뛰고 뒤로 뛰고, 계속 계속.

"어지러워!"

뒤를 돌아봐.

"우아!"

무늬가 생겼어. 패턴이 생겼어.

"내가 해 볼래."

"오른발 깽깽 왼발 깽깽 두 발 착지!"

"오른발 깽깽 왼발 깽깽 두 발 착지!"

"오른발 깽깽 왼발 깽깽 두 발 착지!"

"헉헉!"

뒤를 돌아봐.

수학자도 대칭 놀이를 좋아해.

수학자들이 알람브라 궁전의 아름다운 타일 무늬 패턴 속에서 신이 나서 찾는 것도 바로 바로 대칭이야. 패턴 속에 대칭이 숨어 있어.

수학자들이 궁전으로 달려가. 궁전의 타일을 뜯어 올 수 있으면 좋으련만.

할 수 없지.

수학자들은 머릿속으로 타일의 무늬를 움직이고 돌려 보면서 어떤 어떤 대칭이 숨어 있는지 찾아.

7 화장실 도둑의 패턴을 찾아라

2017년, 어느 나라의 수도 한복판에서 중대한 범죄가 일어나고 있었어. 도시 한가운데 넓은 공원이 있는데 무슨 일인가 벌어지고 있어.

도둑들이 이른 아침 공원에 도착해. 운동을 하거나 노래를 부르면서 사람들 사이에 섞여.

그리고 기다려. 그것이 다 채워질 때까지!

"그것?"

훔쳐 갈 물건 말이야.

드디어 도둑놈들이 슬그머니 움직이기 시작해.

공중 화장실에 들어가 잠시 서성거리다가 화장실 문을 열어. 새로 걸어 놓은 두루마리 휴지를 모조리 풀어 가방에 쑤셔 넣어!

그리고는 문을 열고 유유히 걸어 나와.

다시 사람들 속에 섞여 걸으며 다음 화장실로 이동해 똑같은 일을 벌여. 공원 화장실을 모두 돌 때까지.

매일매일 그렇게 공원의 두루마리 휴지가 몽땅 사라져!

공원 관리국이 화장지 절도단으로부터 화장지를 지킬 방법을 고심했어.
"CCTV가 없어?"
소용없어.
"왜?"
잡아도 잡아도 화장실 도둑이 끊이질 않아.
도둑이 와도 화장실 휴지를 몽땅 가져가지 못하게 막을 수 없을까? 공원 관리국이 꾀를 냈어. 화장실 칸칸마다 화장지를 1인당 6칸씩만 뽑을 수 있게, 화장지 자동 공급 기계를 설치했어.

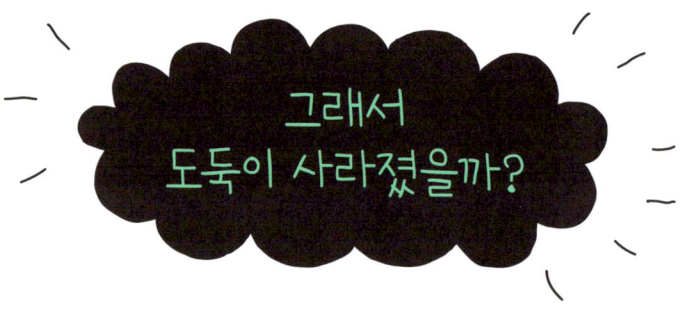

그래서 도둑이 사라졌을까?

아니었어! 도둑들은 공원의 모든 화장실을 차례차례 돌면서 모든 화장지를 다 뽑을 때까지 6칸씩 뽑기를 무한 반복해. 화장지가 전보다 조금 느리게 줄어들 뿐 결국엔 다 사라지고 말았어. 방법이 없을까?

비상 대책 회의

그럴 수는 없어.
공원 화장실에 화장지는 꼭 필요하다고!
기나긴 회의 끝에 공원 관리국은 한 가지를 알아냈어.

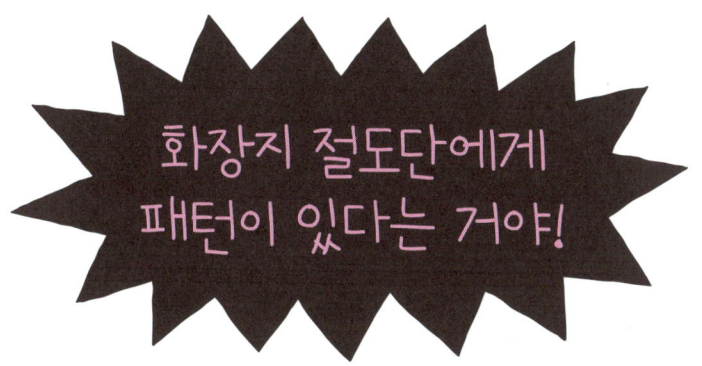

"패턴?"
눈에 보이지 않아도 패턴이 있어.
혹시 명탐정 코난을 좋아해? 탐정은 범인의 행동에서 패턴을 찾아내는 전문가야. 공원 관리국도 탐정처럼 화장지 절도단의 패턴을 찾아냈어. 화장지를 모조리 풀고 다음 화장실로 이동하는 데 대략 9분이 걸려. 만약에 같은 사람이 9분 안에 다른 화장실에 다시 나타난다면? 그리고 계속 반복된다면?
패턴이야!

공원 관리국이 CCTV로 감시했는데, 정말로 9분 안에 같은 사람이 다른 화장실에 나타나는 패턴이 감지되었어. 공원 관리국은 화장실 입구마다 인공 지능 시스템을 장착했어. 화장실 입구에 카메라를 설치하고 같은 사람이 9분 안에 다른 화장실에 나타났다고 판단되면 화장지 자동 공급 장치가 저절로 멈춰.
도둑에겐 휴지가 안 나와!
"푸하하."
패턴을 이용해서 도둑을 막았다는 말씀.

⑧ 컴퓨터에게 패턴을 가르쳐!

혹시 고양이를 키워?

고양이도 패턴을 알아.

고양이는 엄마가 가방을 들고 구두를 신고 나가면 저녁까지 혼자 있어야 한다는 걸 알아.

"우리 집 금붕어도 패턴을 알아."

정말?

"어항을 톡톡 두드리면 밥을 먹으러 와."

아기들도 패턴을 아는 능력이 있어.

아기는 응애응애 울면 엄마가 달려와서 안아 준다는 걸 알아.

울면 안아 주고, 울면 안아 주고, 울면 안아 줘.

"나는 동생이 울면 꼬집고, 울면 꼬집고, 울면 꼬집어 주는데?"

그럼 동생은 곧 너를 보면 울지 않게 될 거야.

패턴을 아는 능력 덕분에!

강아지도 패턴을 알걸.

매일매일 산책할 시간을 알아!

패턴 좀 아는 강아지

똑똑하다는 건 패턴을 많이 안다는 거야.
패턴을 1개 아는 동물보다 10개 아는 동물이 훨씬 더 잘
살아남아. 아기들도 자랄수록 패턴을 점점 더 많이 알아 가.
패턴을 알면 무슨 일이 일어날지 예측할 수 있고 위험에
미리 대비할 수 있어. 만약에 엄마가 씩씩거리면서 설거지를
덜그럭덜그럭한다면 곧 누군가에게 고함을 친다는 뜻일
거야. 아마도 너일걸. 빨리 게임을 집어치워. 책을 펼쳐!
패턴을 많이 알수록 잘 살아남는다니까!

컴퓨터는 고양이도 강아지도 아기도 아는 패턴을 몰라.
컴퓨터는 그저 패턴을 아는 것처럼 보일 뿐이야.

아기는 고양이를 두세 마리 보고도 네 번째 고양이가 나타나면 그게 고양이라는 걸 알아. 패턴을 쉽게 알아보기 때문이야. 컴퓨터는 고양이 사진을 1,000장쯤 보고도 그게 고양이 종족이라는 걸 몰라. 컴퓨터에게 패턴을 인식하는 능력이 없기 때문이야.

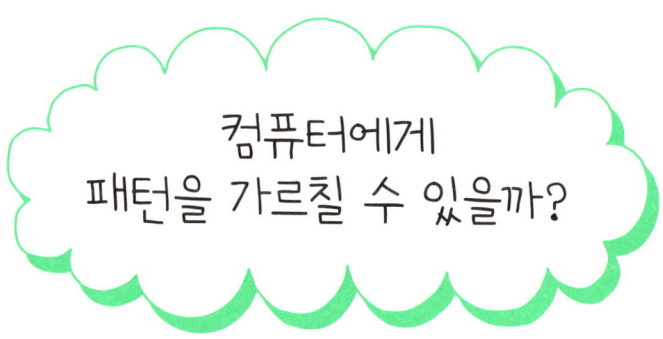

없어! 컴퓨터는 죽었다 깨어나도 패턴을 몰라. 하지만 패턴을 아는 것처럼 보이게 만들 수는 있어!
지구에 사는 모든 고양이 종류의 온갖 표정과 자세, 색깔, 무늬, 움직임을 담은 사진을 수억 장쯤 입력해 주면 간신히 고양이를 고양이로 인식해. 그럼 뭐 해. 강아지를 모르는걸. 강아지를 알게 하려면 또 지구에 사는 모든 강아지 종류의 온갖 표정과 자세, 색깔, 무늬, 움직임을 담은 사진을 수억 장쯤 입력해 주어야 해.

네 앞에 오이가 100개쯤 있다고 해 봐.
길쭉한 오이, 뚱뚱한 오이, 가시 있는 오이, 초록색 오이, 연두색 오이 들을 구별할 수 있겠어?
"당연하지!"
거 봐. 컴퓨터는 그런 걸 하지 못한다니까. 컴퓨터가 그걸 하려면 오이 사진을 수없이 보면서 공부를 해야 해. 2016년, 일본의 자동차 엔지니어 고이케 마코토 씨는 컴퓨터에게 오이 사진 7,000장을 보여 준 끝에 오이 자동 분류 컴퓨터 시스템을 만들었어. 마코토 씨의 부모님이 오이 농장을 운영했는데, 어머니가 하루 8시간씩 일일이 손으로 오이를 분류하는 것을 보고 어머니를 도우려고 만든 거야.
"7,000장으로 배웠다고?"
"컴퓨터 치고 똑똑한 거 아니야?"
오이는 움직이지 않잖아. 표정도 없고.
컴퓨터에겐 고양이보다 오이가 훨씬 쉬워.

이렇게 오이의 패턴을 공부한 덕분에 오이 자동 분류 컴퓨터는 카메라로 오이를 하나하나 찍으면서 오이의 생김새를 9가지로 분류하게 되었어.
고이케 마코토 씨의 오이 분류 기계는 아주 유명하게 되어서 오이 업계에서 맹활약하고 있어.

9 달팽이 껍데기에 무슨 비밀이……

1, 3, 5, 7, 9, 11······.

다음에 올 수를 알겠어?
"13이잖아."
우아! 어떻게 알았어?
"홀수잖아, 너무 쉬워!"
결코 쉬운 게 아니야. 네가 순식간에 홀수라는 패턴을 알아챈 거야.
하지만 이건 좀 어려울걸.

1, 3, 6, 10, 15, 21······.

다음에 올 수를 알겠어?
"음, 기다려 봐."

수수께끼야.
빈칸에 들어갈 수를 알겠어?

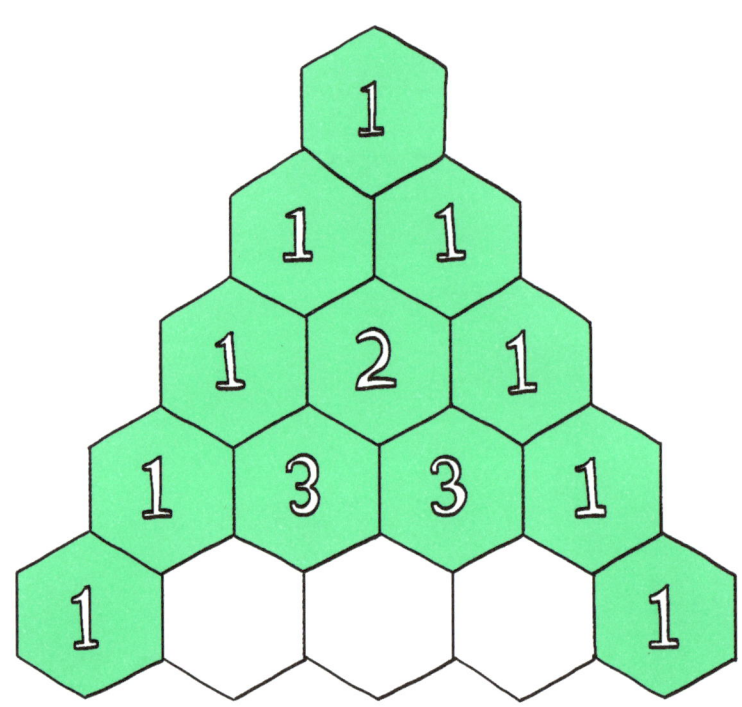

"기다려 봐."

"음……."

"4, 4, 4?"

아닐걸.

"아니라고?"

"그럼 뭐야? 모르겠어!"

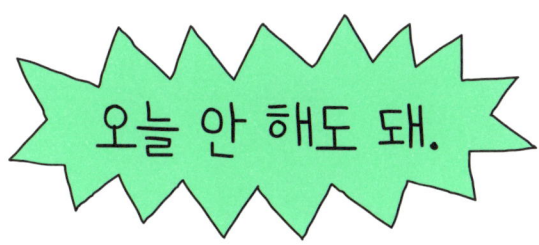

화장실 벽에 붙여 놔.

똥 누다가 생각이 날지도 몰라.

"정말?"

"끄~응!"

"앗!"

오직 너의 힘으로 답을 찾으면 출판사 사장님께 편지를 보내.

다음 책을 선물로 주실지 몰라.

규칙을 알았다면
계속 계속 칸을 채울 수 있어!

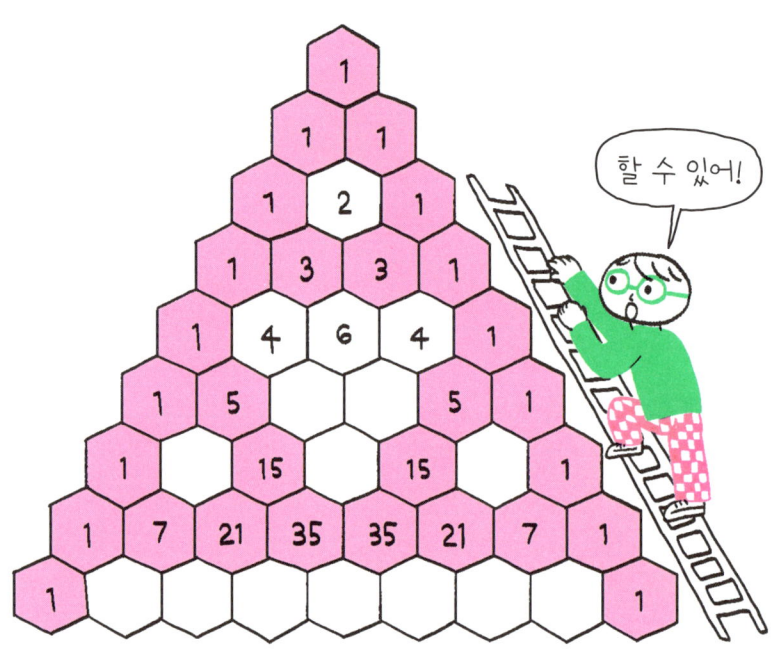

이건 수학자 파스칼의 수수께끼야. '파스칼의 삼각형'이라 불려. 파스칼의 삼각형에 패턴이 숨어 있어. 규칙이 있어! 수학자들은 수의 패턴을 가지고 놀기 좋아해.
수학자들은 자연에서도 재미있는 수의 패턴을 찾아냈는데, 꽃잎의 수에 뭔가가 있었어. 공원에 나가 꽃을 찾아봐. 꽃잎의 수를 세어 봐.

나팔꽃 1장

꽃기린 2장

백합 3장

채송화 5장

코스모스 8장

금잔화 13장

구절초 21장

데이지 34장

우선초 55장

뭘까? 규칙이 있는 것도 같고 없는 것도 같고.
"암호 같은데!"

놀라운 건 이 숫자들 말고 다른 숫자의 꽃잎을 가진 꽃은 거의 찾을 수 없다는 거야. 어떻게 된 일인지 꽃잎이 4장인 것, 6장인 것, 7장인 꽃은 거의 없다니까.

"정말? 그럴 리가!"

그런데 이런 수들이 솔방울, 해바라기 씨앗, 파인애플 껍데기에도 숨어 있다는 거 아니겠어?

파인애플을 세워 놓고 껍데기를 관찰해 봐.

조그만 육각형 비늘이 비스듬히 수없이 줄지어 있어.

파인애플을 한 바퀴 빙 돌리며 비스듬한 줄을 따라 육각형 비늘의 개수를 세어 봐.

꽃잎을 셀 때 봤던 수들이 나올 거야.

"정말?"

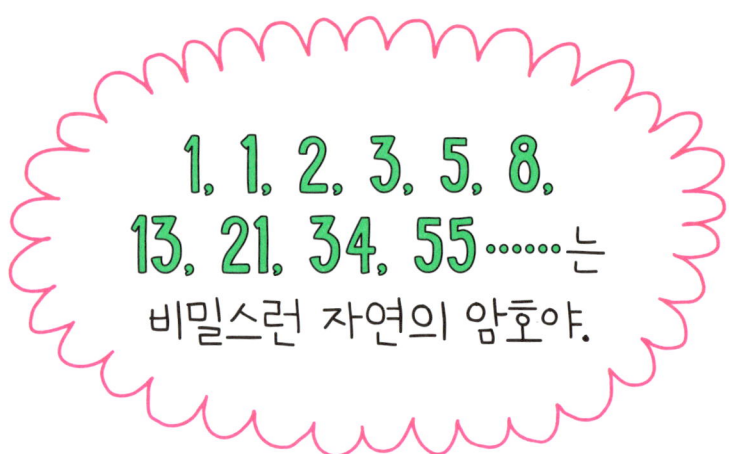

1000년쯤 전에 이탈리아의 수학자 피보나치가 발견해서
피보나치 수라 불려. 피보나치는 수를 가지고 놀다가 이런
식으로 점점 커지는 수를 만들었는데, 놀랍게도 자연에서도
발견되었지 뭐야.
꽃잎의 개수, 솔방울과 해바라기와 파인애플에 이런 수가
나타나. 그리고 소라와 달팽이 껍데기가 자랄 때도!
달팽이가 집을 지고 기어가는 걸 본 적 있어?
아기 달팽이가 자라면 점점 더 큰 집이 필요해.
달팽이는 나선형으로 껍데기를 키우는데, 이것 좀 봐.
여기에도 피보나치 수가 있어!

보여?

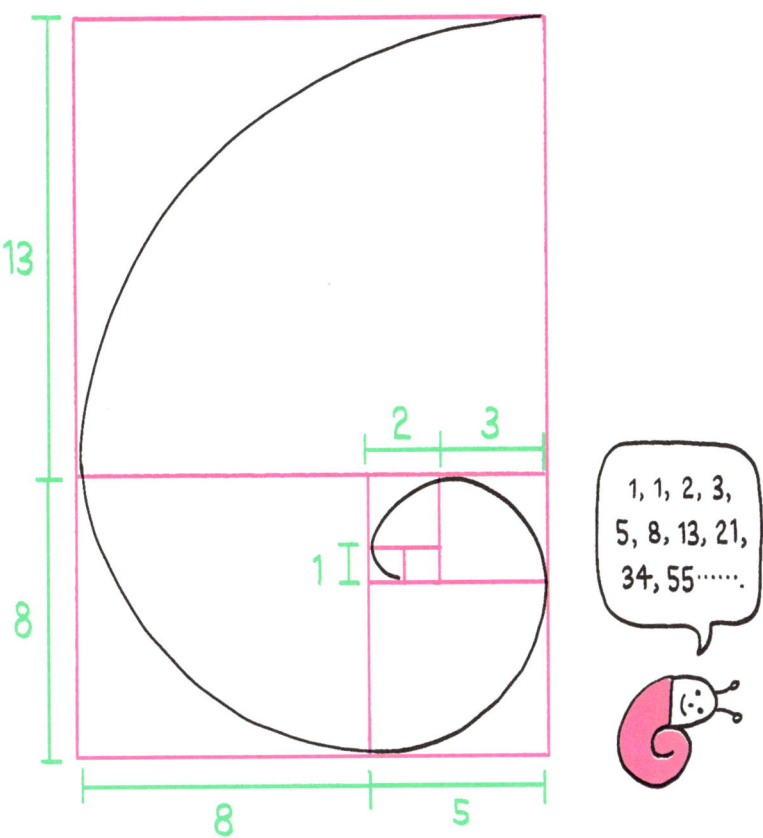

달팽이가 껍데기를 키울 때도
자연의 암호가 숨어 있었어.
달팽이가 정말 암호를 아는 걸까?

이상해, 이상해.

1, 1, 2, 3, 5, 8, 13, 21, 34, 55…….

여기에 무슨 비밀이 있을까? 무슨 패턴이 있을까?

눈을 부릅뜨고 째려 봐.

"모르겠어!"

화장실 벽에 붙여 놓고 때때로 들여다봐.

형이나 누나에게 물어도 모를걸.

알고 보면 너무 쉬운데, 알아내긴 좀 어려워.

앞의 수 2개를 더하면 다음 수가 나와!

달팽이가 어떻게 알고 집을 지을까?

가장 적은 에너지로 필요한 구조를 만들어 나가는 자연의 비법이야.

보여?

연못에 동그란 물결 패턴이 퍼져 나가.

"나도 해 볼래."

퐁당! 퐁당!

잔잔하던 연못에 왜 갑자기 물결무늬가 생겼을까?

"돌멩이를 던졌잖아!"

바로 그거야.

그런데 말이야.

만약에 돌멩이를 던지지도 않았는데 잔잔하던 연못에 갑자기 동그란 물결무늬가 퍼져 나간다면 믿을 수 있겠어?

"물고기가 움직인 거야."

아니, 물고기는 한 마리도 없어.

"빛의 속도로 뭔가가 떨어진 거 아니야?"

아니, 아무 일도 없었다니까. 그냥 잔잔하던 연못에 갑자기 저절로 물결무늬가 퍼져 나가.

과학자의 실험실에서 정말로 그런 일이 일어났어!

벨루소프가 몇 가지 용액을 차례로 섞기만 했는데 그런 일이 일어났다는 거야.
이상도 하지.
과학자들은 믿지 않았어. 있을 수 없는 일을 꾸며 낸다고 조롱했다니까. 곧 다른 과학자들이 실험을 재현해 보고서야 믿게 되었어.
정말로 연못에 물결무늬가 저절로 생겨나!
"돌멩이를 누가 던졌어?"
아무도 던지지 않았어.
바람도 불지 않아!
"그럼 뭐야!"
"요정이야?"
"귀신이야?"
그럴 리가!

분자들이 패턴을 만들어!

자연이 패턴을 만들어!

"왜?"

"어떻게?"

그러게 말이야. 자연이 만드는 패턴이 신기하고 신기하기만 해.

수학자들이 자연에서 패턴을 찾아.

바람이 불 때 깃발이 흔들려.

패턴이 있을까?

폭풍우가 몰아치는 바다에 탁구공이 이리저리 흔들려.

패턴이 있을까?

무시무시한 전염병이 퍼져 나가.

패턴이 있을까?

폭포수 아래에 물거품이 떠다녀.

패턴이 있을까?

하하, 조그만 물거품이 어디로 튈지 어떻게 알 수 있겠어?
폭풍우 치는 바다 위의 탁구공이 어디로 갈지 어떻게 알 수 있겠어?
깃발이 바람에 어떤 모양으로 흔들릴지 어떻게 알 수 있겠어?
그렇게 복잡하고 혼란스러운 걸 어떻게 예측해.
그런데 할 수 있다는 거야!

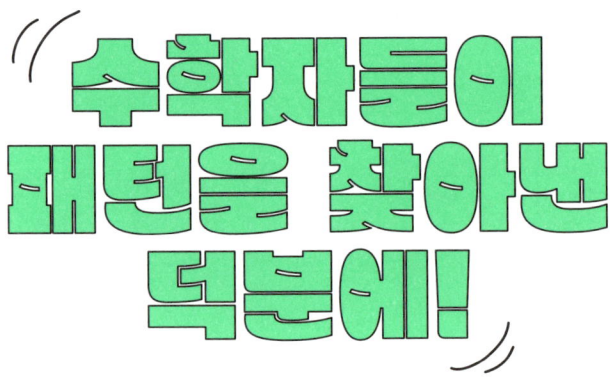

방정식을 풀어서 폭포수 속 물방울의 움직임을 예측하고 바람의 움직임을 예측하고 전염병의 확산 속도를 예측해.

"수학은 패턴을 연구하는 학문입니다!"

이 세상에 패턴의 종류가 얼마나 많을까?
수학자들은 이 세상의 모든 패턴을 알고 싶어 해.
찾고 싶어 해.
가능한 일일까?

참고 문헌

케이스 데블린 지음, 전대호 옮김, 《수학의 언어》, 해나무, 2003

이언 스튜어트 지음, 김동광 옮김, 《자연의 패턴》, 사이언스북스, 2005

잉그마 레만 외 지음, 김준열 옮김, 《피보나치 넘버스》, 늘봄, 2010

마커스 드 사토이 지음, 안기연 옮김, 《대칭》, 승산, 2011

필립 볼 지음, 조민웅 옮김, 《모양》, 사이언스북스, 2014

박종하 지음, 《수학, 생각의 기술》, 김영사, 2015

닐 존슨 지음, 한국복잡계학회 옮김, 《복잡하지만 단순하게: 복잡한 세상에도 패턴은 있다》, 바다출판사, 2020

미래가 온다 수학 시리즈는
미래를 바꿀 첨단 과학에 숨어 있는
수학의 원리를 배우고, 수학자처럼
사고하는 법을 체득하는
어린이 수학 정보서입니다.

---

01 수와 연산 **외계인도 수학을 할까?**
김성화·권수진 글 | 김다예 그림

---

02 소수와 암호 **거대 소수로 암호를 만들어!**
김성화·권수진 글 | 한승무 그림

---

03 기호와 식 **X가 나타났다!**
김성화·권수진 글 | 정오 그림

---

04 도형 **삼각형은 힘이 세다!**
김성화·권수진 글 | 황정하 그림

---

05 위상 수학 **첨단 도형이 온다!**
김성화·권수진 글 | 김진화 그림

---

06 함수와 그래프 **함수는 이상한 기계야!**
김성화·권수진 글 | 강혜숙 그림

---

07 규칙 찾기 **컴퓨터에게 패턴을 가르쳐!**
김성화·권수진 글 | 이고은 그림

---

08 차원 **우리 옆에 4차원이 있다!**
김성화·권수진 글 | 강혜숙 그림

---

09 확률과 통계 **동전을 100만 번 던져!** (출간 예정)
김성화·권수진 글 | 백두리 그림

---

10 무한 **무한은 괴물이야!** (출간 예정)
김성화·권수진 글 | 조승연 그림